화엄경 제46권(불부사의 해탈품 33-1) 해설

그때 보살들이 그런 생각을 하였다.

"모든 불국토는 어떻게 생겼으며, 本願 · 佛種性 · 佛出現 · 佛身 · 佛音聲 · 智慧 · 自在 · 無礙 · 解脫 등 어떤 것인가?"

하니 부처님께서 연화장보살게 가피를 주어 무애법계를 통달하게 하여 답변하였다.(pp.1~5)

佛不思議解脫品第三
불부사의해탈품제삼

十三之一
십삼지일

爾時大會中有諸菩薩作
이시대회중유제보살작

是念諸佛國土云何不思議
시념제불국토운하부사의

諸佛本願云何不思議諸佛
제불본원운하부사의제불

種性云何不思議諸佛出現
종성운하부사의제불출현

云何不思議諸佛身云何不
운하부사의제불신운하불

思議諸佛音聲云何不思議
사의제불음성운하불사의

諸佛智慧云何不思議諸佛
제불지혜운하불사의제불

自在云何不思議諸佛無礙
자재운하불사의제불무애

云何不思議諸佛解脫云何
운하불사의제불해탈운하

不思議
불사의

爾時世尊知諸菩薩心之
이시세존지제보살심지

所念則以神力加持智慧攝
소념즉이신력가지지혜섭

受(수)光(광)明(명)照(조)耀(요)威(위)勢(세)充(충)滿(만)令(영)青(청)

蓮(련)華(화)藏(장)菩(보)薩(살)住(주)佛(불)無(무)畏(외)入(입)佛(불)

法(법)界(계)獲(획)佛(불)威(위)德(덕)神(신)通(통)自(자)在(재)得(득)

佛(불)無(무)礙(애)廣(광)大(대)觀(관)察(찰)知(지)一(일)切(체)佛(불)

種(종)性(성)次(차)第(제)住(주)不(불)可(가)說(설)佛(불)法(법)方(방)

便(편)

爾(이)時(시)青(청)蓮(련)華(화)藏(장)菩(보)薩(살)則(즉)能(능)

解 해	菩 보	修 수	心 심	則 즉	障 장	通 통
了 료	薩 살	習 습	觀 관	能 능	深 심	達 달
一 일	法 법	無 무	察 찰	知 지	行 행	無 무
切 체	於 어	有 유	衆 중	見 견	則 즉	礙 애
無 무	一 일	厭 염	生 생	一 일	能 능	法 법
盡 진	念 념	怠 태	欲 욕	切 체	成 성	界 계
智 지	中 중	受 수	令 령	佛 불	滿 만	則 즉
門 문	出 출	行 행	淸 청	法 법	普 보	能 능
總 총	生 생	一 일	淨 정	以 이	賢 현	安 안
持 지	佛 불	切 체	精 정	大 대	大 대	住 주
辯 변	智 지	諸 제	勤 근	悲 비	願 원	離 리

才皆悉具足承佛神力告蓮
華藏菩薩言
佛子諸佛世尊有無量住
所謂常住大悲住種種身作
諸佛事住平等意轉淨法輪
住四辯才說無量法住不思
議一切佛法住清淨音徧無

量土住不可說甚深法界住
량토주불가설심심법계주

現一切最勝神通住能開示
현일체최승신통주능개시

無有障礙究竟之法
무유장애구경지법

佛子諸佛世尊有十種法
불자제불세존유십종법

普徧無量無邊法界何等爲
보변무량무변법계하등위

十所謂一切諸佛有無邊際
십소위일체제불유무변제

身色相淸淨普入諸趣而無
신색상청정보입제취이무

사경의 공덕은 십만억 부처님께 공양한 것과 같은 공덕이 있습니다.

染着一切諸佛有無邊際無
염착일체제불유무변제무

障礙眼於一切法悉能明見
장애안어일체법실능명견

一切諸佛有無邊際無障礙
일체제불유무변제무장애

耳悉能解了一切音聲一切
이실능해료일체음성일체

諸佛有無邊際鼻能到諸佛
제불유무변제비능도제불

自在彼岸一切諸佛有廣長
자재피안일체제불유광장

舌出妙音聲周徧法界一切
설출묘음성주변법계일체

諸(제) 佛(불) 有(유) 無(무) 邊(변) 際(제) 身(신) 應(응) 衆(중) 生(생) 心(심)
咸(함) 令(령) 得(득) 見(견) 一(일) 切(체) 諸(제) 佛(불) 有(유) 無(무) 邊(변)
際(제) 意(의) 住(주) 於(어) 無(무) 礙(애) 平(평) 等(등) 法(법) 身(신) 一(일)
切(체) 諸(제) 佛(불) 有(유) 無(무) 邊(변) 際(제) 無(무) 礙(애) 解(해) 脫(탈)
示(시) 現(현) 無(무) 盡(진) 大(대) 神(신) 通(통) 力(력) 一(일) 切(체) 諸(제)
佛(불) 有(유) 無(무) 邊(변) 際(제) 清(청) 淨(정) 世(세) 界(계) 隨(수) 衆(중)
生(생) 樂(락) 現(현) 衆(중) 佛(불) 土(토) 具(구) 足(족) 無(무) 量(량) 種(종)

種(종)莊(장)嚴(엄)而(이)於(어)其(기)中(중)不(불)生(생)染(염)着(착)
一(일)切(체)諸(제)佛(불)有(유)無(무)邊(변)際(제)菩(보)薩(살)行(행)
願(원)得(득)圓(원)滿(만)智(지)遊(유)戲(희)自(자)在(재)悉(실)能(능)
通(통)達(달)一(일)切(체)佛(불)法(법)佛(불)子(자)是(시)爲(위)如(여)
來(래)應(응)正(정)等(등)覺(각)普(보)徧(변)法(법)界(계)無(무)邊(변)
際(제)十(십)種(종)佛(불)法(법)
佛(불)子(자)諸(제)佛(불)世(세)尊(존)有(유)十(십)種(종)念(념)

念(념)出(출)生(생)智(지)何(하)等(등)爲(위)十(십)所(소)謂(위)一(일)
切(체)諸(제)佛(불)於(어)一(일)念(념)中(중)悉(실)能(능)示(시)現(현)
無(무)量(량)世(세)界(계)從(종)天(천)來(래)下(하)一(일)切(체)諸(제)
佛(불)於(어)一(일)念(념)中(중)悉(실)能(능)示(시)現(현)無(무)量(량)
世(세)界(계)菩(보)薩(살)受(수)生(생)一(일)切(체)諸(제)佛(불)於(어)
一(일)念(념)中(중)悉(실)能(능)示(시)現(현)無(무)量(량)世(세)界(계)
出(출)家(가)學(학)道(도)一(일)切(체)諸(제)佛(불)於(어)一(일)念(념)

中(중) 悉(실) 能(능) 示(시) 現(현) 無(무) 量(량) 世(세) 界(계) 菩(보) 提(리)

樹(수) 下(하) 成(성) 等(등) 正(정) 覺(각) 一(일) 切(체) 諸(제) 佛(불) 於(어)

一(일) 念(념) 中(중) 悉(실) 能(능) 示(시) 現(현) 無(무) 量(량) 世(세) 界(계)

轉(전) 妙(묘) 法(법) 輪(륜) 一(일) 切(체) 諸(제) 佛(불) 於(어) 一(일) 念(념)

中(중) 悉(실) 能(능) 示(시) 現(현) 無(무) 量(량) 世(세) 界(계) 教(교) 化(화)

衆(중) 生(생) 供(공) 養(양) 諸(제) 佛(불) 一(일) 切(체) 諸(제) 佛(불) 於(어)

一(일) 念(념) 中(중) 悉(실) 能(능) 示(시) 現(현) 無(무) 量(량) 世(세) 界(계)

不(불)可(가)言(언)說(설)種(종)種(종)佛(불)身(신)一(일)切(체)諸(제)
佛(불)於(어)一(일)念(념)中(중)悉(실)能(능)示(시)現(현)無(무)量(량)
世(세)界(계)種(종)種(종)莊(장)嚴(엄)無(무)數(수)莊(장)嚴(엄)如(여)
來(래)自(자)在(재)一(일)切(체)智(지)藏(장)一(일)切(체)諸(제)佛(불)
於(어)一(일)念(념)中(중)悉(실)能(능)示(시)現(현)無(무)量(량)世(세)
界(계)無(무)量(량)無(무)數(수)清(청)淨(정)衆(중)生(생)一(일)切(체)
諸(제)佛(불)於(어)一(일)念(념)中(중)悉(실)能(능)示(시)現(현)無(무)

사경의 공덕은 십만억 부처님께 공양한 것과 같은 공덕이 있습니다.

量世界三世諸佛種種根性
(량세계삼세제불종종근성)

種種精進種種行解於三世
(종종정진종종행해어삼세)

中成等正覺是爲十
(중성등정각시위십)

佛子諸佛世尊有十種不
(불자제불세존유십종불)

失時何等爲十所謂一切諸
(실시하등위십소위일체제)

佛成等正覺不失時一切諸
(불성등정각불실시일체제)

佛成熟有緣不失時一切諸
(불성숙유연불실시일체제)

淨 정	聚 취	大 대	佛 불	時 시	佛 불	佛 불
信 신	落 락	捨 사	身 신	一 일	隨 수	授 수
不 불	不 불	不 불	不 불	切 체	衆 중	菩 보
失 실	失 실	失 실	失 실	諸 제	生 생	薩 살
時 시	時 시	時 시	時 시	佛 불	心 심	記 기
一 일	一 일	一 일	一 일	隨 수	示 시	不 불
切 체	切 체	切 체	切 체	衆 중	現 현	失 실
諸 제	諸 제	諸 제	諸 제	生 생	神 신	時 시
佛 불	佛 불	佛 불	佛 불	解 해	力 력	一 일
調 조	攝 섭	入 입	住 주	示 시	不 불	切 체
惡 악	諸 제	諸 제	於 어	現 현	失 실	諸 제

衆生不失時一切諸佛現不
중생불실시일체제불현불

思議諸佛神通不失時是爲
사의제불신통불실시시위

十
십

佛子諸佛世尊有十種無
불자제불세존유십종무

比不思議境界何等爲十所
비불사의경계하등위십소

謂一切諸佛一跏趺坐徧滿
위일체제불일가부좌변만

十方無量世界一切諸佛說
시방무량세계일체제불설

사경의 공덕은 십만억 부처님께 공양한 것과 같은 공덕이 있습니다.

中 중	一 일	切 체	身 신	照 조	一 일	一 일
悉 실	切 체	諸 제	中 중	一 일	切 체	義 의
能 능	世 세	佛 불	悉 실	切 체	諸 제	句 구
決 결	界 계	於 어	能 능	世 세	佛 불	悉 실
了 료	一 일	一 일	示 시	界 계	放 방	能 능
一 일	切 체	處 처	現 현	一 일	一 일	開 개
切 체	諸 제	中 중	一 일	切 체	光 광	示 시
諸 제	佛 불	悉 실	切 체	諸 제	明 명	一 일
法 법	於 어	能 능	諸 제	佛 불	悉 실	切 체
無 무	一 일	示 시	身 신	於 어	能 능	佛 불
所 소	智 지	現 현	一 일	一 일	徧 변	法 법

罣(가)礙(애)一(일)切(체)諸(제)佛(불)於(어)一(일)念(념)中(중)悉(실)

能(능)徧(변)往(왕)十(시)方(방)世(세)界(계)一(일)切(체)諸(제)佛(불)

於(어)一(일)念(념)中(중)悉(실)現(현)如(여)來(래)無(무)量(량)威(위)

德(덕)一(일)切(체)諸(제)佛(불)於(어)一(일)念(념)中(중)普(보)緣(연)

三(삼)世(세)一(일)切(체)衆(중)生(생)心(심)無(무)雜(잡)亂(란)一(일)

切(체)諸(제)佛(불)於(어)一(일)念(념)中(중)與(여)去(거)來(래)今(금)

一(일)切(체)諸(제)佛(불)體(체)同(동)無(무)二(이)是(시)爲(위)十(십)

佛(불)子(자)諸(제)佛(불)世(세)尊(존)能(능)出(출)生(생)十(십)
種(종)智(지)何(하)者(자)爲(위)十(십)所(소)謂(위)一(일)切(체)諸(제)
佛(불)知(지)一(일)切(체)法(법)無(무)所(소)趣(취)向(향)而(이)能(능)
出(출)生(생)廻(회)向(향)願(원)智(지)一(일)切(체)諸(제)佛(불)知(지)
一(일)切(체)法(법)皆(개)無(무)有(유)身(신)而(이)能(능)出(출)生(생)
清(청)淨(정)身(신)智(지)一(일)切(체)諸(제)佛(불)知(지)一(일)切(체)
法(법)本(본)來(래)無(무)二(이)而(이)能(능)出(출)生(생)能(능)覺(각)

諸 제	壞 괴	切 체	無 무	智 지	我 아	悟 오
佛 불	而 이	諸 제	相 상	一 일	無 무	智 지
知 지	能 능	佛 불	而 이	切 체	衆 중	一 일
一 일	出 출	知 지	能 능	諸 제	生 생	切 체
切 체	生 생	一 일	出 출	佛 불	而 이	諸 제
法 법	了 료	切 체	生 생	知 지	能 능	佛 불
無 무	成 성	世 세	了 료	一 일	出 출	知 지
有 유	壞 괴	界 계	諸 제	切 체	生 생	一 일
造 조	智 지	無 무	相 상	法 법	調 조	切 체
作 작	一 일	有 유	智 지	本 본	衆 중	法 법
而 이	切 체	成 성	一 일	來 래	生 생	無 무

사경의 공덕은 십만억 부처님께 공양한 것과 같은 공덕이 있습니다.

能(능)出(출)生(생)知(지)業(업)果(과)智(지)一(일)切(체)諸(제)佛(불)
知(지)一(일)切(체)法(법)無(무)有(유)言(언)說(설)而(이)能(능)出(출)
生(생)了(료)言(언)說(설)智(지)一(일)切(체)諸(제)佛(불)知(지)一(일)
切(체)法(법)無(무)有(유)染(염)淨(정)而(이)能(능)出(출)生(생)知(지)
染(염)淨(정)智(지)一(일)切(체)諸(제)佛(불)知(지)一(일)切(체)法(법)
無(무)有(유)生(생)滅(멸)而(이)能(능)出(출)生(생)了(료)生(생)滅(멸)
智(지)是(시)爲(위)十(십)

法 법	諸 제	化 화	諸 제	佛 불	入 입	
一 일	陀 다	衆 중	佛 불	有 유	法 법	佛 불
切 체	羅 라	生 생	皆 개	淨 정	何 하	子 자
諸 제	尼 니	一 일	悉 실	妙 묘	等 등	諸 제
佛 불	普 보	切 체	具 구	身 신	爲 위	佛 불
皆 개	能 능	諸 제	足 족	普 보	十 십	世 세
悉 실	受 수	佛 불	三 삼	入 입	所 소	尊 존
具 구	持 지	皆 개	種 종	三 삼	謂 위	有 유
足 족	一 일	悉 실	自 자	世 세	一 일	十 십
四 사	切 체	具 구	在 재	一 일	切 체	種 종
種 종	佛 불	足 족	普 보	切 체	諸 제	普 보

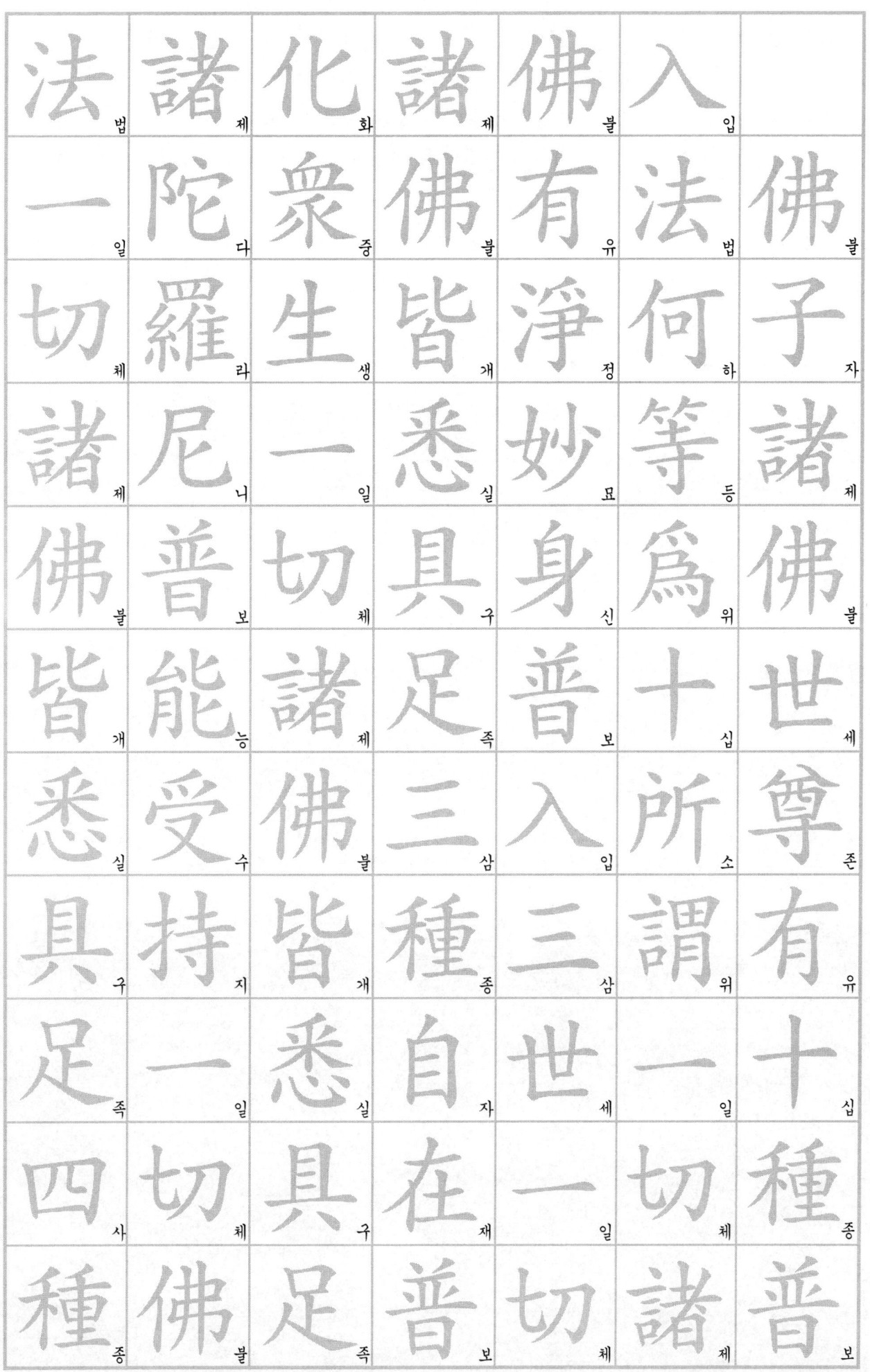

無 무	悉 실	觀 관	佛 불	恒 항	切 체	辯 변
有 유	具 구	察 찰	皆 개	不 불	諸 제	才 재
休 휴	足 족	一 일	悉 실	捨 사	佛 불	普 보
息 식	利 이	切 체	具 구	離 리	皆 개	轉 전
一 일	他 타	衆 중	足 족	一 일	悉 실	一 일
切 체	善 선	生 생	甚 심	切 체	具 구	切 체
諸 제	根 근	一 일	深 심	衆 중	足 족	淸 청
佛 불	調 조	切 체	禪 선	生 생	平 평	淨 정
皆 개	伏 복	諸 제	定 정	一 일	等 등	法 법
悉 실	衆 중	佛 불	恒 항	切 체	大 대	輪 륜
具 구	生 생	皆 개	普 보	諸 제	悲 비	一 일

足족 無무 所소 礙애 心심 普보 能능 安안 住주 一일 切체
法법 界계 一일 切체 諸제 佛불 皆개 悉실 具구 足족 無무
礙애 神신 力력 一일 念념 普보 現현 三삼 世세 諸제 佛불
一일 切체 諸제 佛불 皆개 悉실 具구 足족 無무 礙애 智지
慧혜 一일 念념 普보 立립 三삼 世세 劫겁 數수 是시 爲위
十십

佛불 子자 諸제 佛불 世세 尊존 有유 十십 種종 難난

信受廣大法何等爲十所謂
신수광대법하등위십소위

一切諸佛悉能摧滅一切諸
일체제불실능최멸일체제

魔一切諸佛悉能降伏一切
마일체제불실능항복일체

外道一切諸佛悉能調伏一
외도일체제불실능조복일

切衆生咸令歡悅一切諸佛
체중생함령환열일체제불

悉能往詣一切世界化導群
실능왕예일체세계화도군

品一切諸佛悉能智證甚深
품일체제불실능지증심심

法(법)界(계)一(일)切(체)諸(제)佛(불)悉(실)皆(개)能(능)以(이)無(무)
二(이)之(지)身(신)現(현)種(종)種(종)身(신)充(충)滿(만)世(세)界(계)
一(일)切(체)諸(제)佛(불)悉(실)皆(개)能(능)以(이)清(청)淨(정)音(음)
聲(성)起(기)四(사)辯(변)才(재)說(설)法(법)無(무)斷(단)凡(범)有(유)
信(신)受(수)功(공)不(불)唐(당)捐(연)一(일)切(체)諸(제)佛(불)皆(개)
悉(실)能(능)於(어)一(일)毛(모)孔(공)中(중)出(출)現(현)諸(제)佛(불)
與(여)一(일)切(체)世(세)界(계)微(미)塵(진)數(수)等(등)無(무)有(유)

사경의 공덕은 십만억 부처님께 공양한 것과 같은 공덕이 있습니다.

斷絕一切諸佛皆悉能於一
단절일체제불개실능어일

微塵中示現衆刹與一切世
미진중시현중찰여일체세

界微塵數等具足種種上妙
계미진수등구족종종상묘

莊嚴恒於其中轉妙法輪教
장엄항어기중전묘법륜교

化衆生而微塵不大世界不
화중생이미진불대세계불

小常以證智安住法界一切
소상이증지안주법계일체

諸佛皆悉了達清淨法界以
제불개실료달청정법계이

智光明破世癡闇令於佛法
지광명파세치암영어불법

悉得開曉隨逐如來住十力
실득개효수축여래주십력

中是爲十
중시위십

佛子諸佛世尊有十種大
불자제불세존유십종대

功德離過清淨何等爲十所
공덕이과청정하등위십소

謂一切諸佛具大威德離過
위일체제불구대위덕이과

清淨一切諸佛悉於三世如
청정일체제불실어삼세여

佛 불	無 무	切 체	世 세	住 주	一 일	來 래
前 전	所 소	諸 제	法 법	離 이	切 체	家 가
際 제	從 종	佛 불	皆 개	過 과	諸 제	生 생
後 후	來 래	知 지	無 무	清 청	佛 불	種 종
際 제	離 이	種 종	所 소	淨 정	盡 진	族 족
福 복	過 과	種 종	着 착	一 일	未 미	調 조
德 덕	清 청	性 성	離 이	切 체	來 래	善 선
無 무	淨 정	皆 개	過 과	諸 제	際 제	離 이
盡 진	一 일	是 시	清 청	佛 불	心 심	過 과
等 등	切 체	一 일	淨 정	於 어	無 무	清 청
於 어	諸 제	性 성	一 일	三 삼	所 소	淨 정

於 어	切 체	會 회	佛 불	一 일	邊 변	法 법
不 불	諸 제	中 중	獲 획	切 체	身 신	界 계
可 가	法 법	大 대	四 사	衆 중	相 상	離 이
說 설	離 이	師 사	無 무	生 생	徧 변	過 과
不 불	過 과	子 자	畏 외	離 이	十 시	淸 청
可 가	淸 청	吼 후	離 이	過 과	方 방	淨 정
說 설	淨 정	明 명	諸 제	淸 청	刹 찰	一 일
劫 겁	一 일	了 료	恐 공	淨 정	隨 수	切 체
入 입	切 체	分 분	怖 포	一 일	時 시	諸 제
般 반	諸 제	別 별	於 어	切 체	調 조	佛 불
涅 열	佛 불	一 일	衆 중	諸 제	伏 복	無 무

槃(반) 衆(중) 生(생) 聞(문) 名(명) 獲(획) 無(무) 量(량) 福(복) 如(여) 佛(불)
現(현) 在(재) 功(공) 德(덕) 無(무) 異(이) 離(이) 過(과) 清(청) 淨(정) 一(일)
切(체) 諸(제) 佛(불) 遠(원) 在(재) 不(불) 可(가) 說(설) 不(불) 可(가) 說(설)
世(세) 界(계) 中(중) 若(약) 有(유) 衆(중) 生(생) 一(일) 心(심) 正(정) 念(념)
則(즉) 皆(개) 得(득) 見(견) 離(이) 過(과) 清(청) 淨(정) 是(시) 爲(위) 十(십)
佛(불) 子(자) 諸(제) 佛(불) 世(세) 尊(존) 有(유) 十(십) 種(종) 究(구)
竟(경) 清(청) 淨(정) 何(하) 等(등) 爲(위) 十(십) 所(소) 謂(위) 一(일) 切(체)

사경의 공덕은 십만억 부처님께 공양한 것과 같은 공덕이 있습니다.

諸佛往昔大願究竟清淨一
제불왕석대원구경청정일

切諸佛所持梵行究竟清淨
체제불소지범행구경청정

一切諸佛離世衆惑究竟清
일체제불이세중혹구경청

淨一切諸佛莊嚴國土究竟
정일체제불장엄국토구경

清淨一切諸佛所有眷屬究
청정일체제불소유권속구

竟清淨一切諸佛所有種族
경청정일체제불소유종족

究竟清淨一切諸佛色身相
구경청정일체제불색신상

好究竟清淨一切諸佛法身 호구경청정일체제불법신
無染究竟清淨一切諸佛一 무염구경청정일체제불일
切智智無有障礙究竟清淨 체지지무유장애구경청정
一切諸佛解脫自在所作已 일체제불해탈자재소작이
辦到於彼岸究竟清淨是爲 판도어피안구경청정시위
十 십

佛子諸佛世尊於一切世 불자제불세존어일체세

界一切時有十種佛事何等
계 일 체 시 유 십 종 불 사 하 등

爲十一者若有衆生專心憶
위 십 일 자 약 유 중 생 전 심 억

念則現其前二者若有衆生
념 즉 현 기 전 이 자 약 유 중 생

心不調順則爲說法三者若
심 불 조 순 즉 위 설 법 삼 자 약

有衆生能生淨信必令獲得
유 중 생 능 생 정 신 필 령 획 득

無量善根四者若有衆生能
무 량 선 근 사 자 약 유 중 생 능

入法位悉皆現證無不了知
입 법 위 실 개 현 증 무 불 료 지

五者教化衆生無有疲厭六
者遊諸佛刹往來無礙七者
大悲不捨一切衆生八者現
變化身恒不斷絕九者神通
自在未嘗休息十者安住法
界能偏觀察是爲十
佛子諸佛世尊有十種無

盡(진) 智(지) 海(해) 法(법) 何(하) 等(등) 爲(위) 十(십) 所(소) 謂(위) 一(일)

切(체) 諸(제) 佛(불) 無(무) 邊(변) 法(법) 身(신) 無(무) 盡(진) 智(지) 海(해)

法(법) 一(일) 切(체) 諸(제) 佛(불) 無(무) 量(량) 佛(불) 事(사) 無(무) 盡(진)

智(지) 海(해) 法(법) 一(일) 切(체) 諸(제) 佛(불) 佛(불) 眼(안) 境(경) 界(계)

無(무) 盡(진) 智(지) 海(해) 法(법) 一(일) 切(체) 諸(제) 佛(불) 無(무) 量(량)

無(무) 數(수) 難(난) 思(사) 善(선) 根(근) 無(무) 盡(진) 智(지) 海(해) 法(법)

一(일) 切(체) 諸(제) 佛(불) 普(보) 雨(우) 一(일) 切(체) 甘(감) 露(로) 妙(묘)

사경의 공덕은 십만억 부처님께 공양한 것과 같은 공덕이 있습니다.

盡 진	諸 제	恒 항	智 지	佛 불	佛 불	法 법
智 지	佛 불	作 작	海 해	往 왕	功 공	無 무
海 해	了 료	佛 불	法 법	昔 석	德 덕	盡 진
法 법	知 지	事 사	一 일	所 소	無 무	智 지
一 일	一 일	無 무	切 체	修 수	盡 진	海 해
切 체	切 체	盡 진	諸 제	種 종	智 지	法 법
諸 제	衆 중	智 지	佛 불	種 종	海 해	一 일
佛 불	生 생	海 해	盡 진	願 원	法 법	切 체
福 복	心 심	法 법	未 미	行 행	一 일	諸 제
智 지	行 행	一 일	來 래	無 무	切 체	佛 불
莊 장	無 무	切 체	際 제	盡 진	諸 제	讚 찬

嚴無能過者無盡智海法是
엄무능과자무진지해법시

爲十
위십

佛子諸佛世尊有十種常
불자제불세존유십종상

法何等爲十所謂一切諸佛
법하등위십소위일체제불

常行一切諸波羅蜜一切諸
상행일체제바라밀일체제

佛於一切法常離迷惑一切
불어일체법상리미혹일체

諸佛常具大悲一切諸佛常
제불상구대비일체제불상

有十力一切諸佛常轉法輪
유십력일체제불상전법륜

一切諸佛常爲衆生示成正
일체제불상위중생시성정

覺一切諸佛常樂調伏一切
각일체제불상락조복일체

衆生一切諸佛心常正念不
중생일체제불심상정념불

二之法一切諸佛化衆生已
이지법일체제불화중생이

常示入於無餘涅槃一切諸
상시입어무여열반일체제

佛境界無邊際是故爲十
불경계무변제시고위십

佛子諸佛世尊有十種演
說無量諸佛法門何等爲十
所謂一切諸佛演說無量衆
生界門一切諸佛演說無量
衆生行門一切諸佛演說無
量衆生業果門一切諸佛演
說無量化衆生門一切諸佛

演說無量淨衆生門一切諸
佛演說無量菩薩行門一切
諸佛演說無量菩薩願門一
切諸佛演說無量一切世界
成壞劫門一切諸佛演說無
量菩薩深心淨佛刹門一切
諸佛演說無量一切世界三

世諸佛於彼彼劫次第出現
門一切諸佛演說一切諸佛
智門是爲十
佛子諸佛世尊有十種爲
衆生作佛事何等爲十所謂
一切諸佛示現色身爲衆生
作佛事一切諸佛出妙音聲

爲衆生作佛事一切諸佛有
위중생작불사일체제불유

所受爲衆生作佛事一切諸
소수위중생작불사일체제

佛無所受爲衆生作佛事一
불무소수위중생작불사일

切諸佛以地水火風爲衆生
체제불이지수화풍위중생

作佛事一切諸佛神力自在
작불사일체제불신력자재

示現一切所緣境界爲衆生
시현일체소연경계위중생

作佛事一切諸佛種種名號
작불사일체제불종종명호

爲(위)衆(중)生(생)作(작)佛(불)事(사)一(일)切(체)諸(제)佛(불)以(이)
佛(불)刹(찰)境(경)界(계)爲(위)衆(중)生(생)作(작)佛(불)事(사)一(일)
切(체)諸(제)佛(불)嚴(엄)淨(정)佛(불)刹(찰)爲(위)衆(중)生(생)作(작)
佛(불)事(사)一(일)切(체)諸(제)佛(불)寂(적)寞(막)無(무)言(언)爲(위)
衆(중)生(생)作(작)佛(불)事(사)是(시)爲(위)十(십)

佛(불)子(자)諸(제)佛(불)世(세)尊(존)有(유)十(십)種(종)最(최)
勝(승)法(법)何(하)等(등)爲(위)十(십)所(소)謂(위)一(일)切(체)諸(제)

佛大願堅固不可沮壞所言
불대원견고불가저괴소언

必作言無有二一切諸佛爲
필작언무유이일체제불위

欲圓滿一切功德盡未來劫
욕원만일체공덕진미래겁

修菩薩行不生懈倦一切諸
수보살행불생해권일체제

佛爲欲調伏一切衆生故往
불위욕조복일체중생고왕

不可說不可說世界如是而
불가설불가설세계여시이

爲一切衆生而無斷絕一切
위일체중생이무단절일체

一 일	切 체	無 무	失 실	從 종	悲 비	諸 제
切 체	智 지	量 량	菩 보	初 초	普 보	佛 불
諸 제	性 성	諸 제	提 리	發 발	觀 관	於 어
佛 불	於 어	善 선	之 지	心 심	平 평	信 신
於 어	諸 제	功 공	心 심	乃 내	等 등	於 어
諸 제	世 세	德 덕	一 일	至 지	無 무	毁 훼
佛 불	間 간	皆 개	切 체	成 성	異 이	二 이
所 소	終 종	以 이	諸 제	佛 불	一 일	種 종
修 수	無 무	迴 회	佛 불	終 종	切 체	衆 중
學 학	染 염	向 향	積 적	不 불	諸 제	生 생
三 삼	着 착	一 일	集 집	退 퇴	佛 불	大 대

사경의 공덕은 십만억 부처님께 공양한 것과 같은 공덕이 있습니다.

業唯行佛行非二乘行皆爲
업유행불행비이승행개위

廻向一切智性成於無上正
회향일체지성성어무상정

等菩提一切諸佛放大光明
등보리일체제불방대광명

其光平等照一切處及照一
기광평등조일체처급조일

切諸佛之法令諸菩薩心得
체제불지법영제보살심득

淸淨滿一切智一切諸佛捨
청정만일체지일체제불사

離世樂不貪不染而普願世
리세락불탐불염이보원세

間離苦得樂無諸戲論一切
간리고득락무제희론일체

諸佛愍諸衆生受種種苦守
제불민제중생수종종고수

護佛種行佛境界出離生死
호불종행불경계출리생사

逮十力地是爲十
체십력지시위십

佛子諸佛世尊有十種無
불자제불세존유십종무

障礙住何等爲十所謂一切
장애주하등위십소위일체

諸佛皆能往一切世界無障
제불개능왕일체세계무장

住 주	一 일	切 체	障 장	能 능	世 세	礙 애
兜 도	切 체	世 세	礙 애	於 어	界 계	住 주
率 솔	諸 제	界 계	住 주	一 일	無 무	一 일
天 천	佛 불	演 연	一 일	切 체	障 장	切 체
宮 궁	皆 개	說 설	切 체	世 세	礙 애	諸 제
無 무	能 능	正 정	諸 제	界 계	住 주	佛 불
障 장	於 어	法 법	佛 불	行 행	一 일	皆 개
礙 애	一 일	無 무	皆 개	住 주	切 체	能 능
住 주	切 체	障 장	能 능	坐 좌	諸 제	住 주
一 일	世 세	礙 애	於 어	臥 와	佛 불	一 일
切 체	界 계	住 주	一 일	無 무	皆 개	切 체

諸佛皆能入法界一切三世
제 불 개 능 입 법 계 일 체 삼 세

無障礙住一切諸佛皆能坐
무 장 애 주 일 체 제 불 개 능 좌

法界一切道場無障礙住一
법 계 일 체 도 량 무 장 애 주 일

切諸佛皆能念念觀一切衆
체 제 불 개 능 념 념 관 일 체 중

生心行以三種自在教化調
생 심 행 이 삼 종 자 재 교 화 조

伏無障礙住一切諸佛皆能
복 무 장 애 주 일 체 제 불 개 능

以一身住無量不思議佛所
이 일 신 주 무 량 부 사 의 불 소

及一切處利益衆生無障礙
급일체처이익중생무장애

住一切諸佛皆能開示無量
주일체제불개능개시무량

諸佛所說正法無障礙住是
제불소설정법무장애주시

爲十
위십

佛子諸佛世尊有十種最
불자제불세존유십종최

勝無上莊嚴何等爲十所謂
승무상장엄하등위십소위

一切諸佛皆悉具足諸相隨
일체제불개실구족제상수

好是爲諸佛第一最勝無上
호시위제불제일최승무상

身莊嚴一切諸佛皆悉具足
신장엄일체제불개실구족

六十種音一一音有五百分
육십종음일일음유오백분

一一分無量百千清淨之音
일일분무량백천청정지음

以爲嚴好能於法界一切衆
이위엄호능어법계일체중

中無諸恐怖大師子吼演說
중무제공포대사자후연설

如來甚深法義衆生聞者靡
여래심심법의중생문자미

不歡喜隨其根欲悉得調伏
불환희수기근욕실득조복

是爲諸佛第二最勝無上語
시위제불제이최승무상어

莊嚴一切諸佛皆具十力諸
장엄일체제불개구십력제

大三昧十八不共莊嚴意業
대삼매십팔불공장엄의업

所行境界通達無礙一切佛
소행경계통달무애일체불

法咸得無餘法界莊嚴而爲
법함득무여법계장엄이위

莊嚴法界衆生心之所行去
장엄법계중생심지소행거

來現在各各差別於一念中
래현재각각차별어일념중

悉能明見是爲諸佛第三最
실능명견시위제불제삼최

勝無上意莊嚴一切諸佛皆
승무상의장엄일체제불개

悉能放無數光明一一光明
실능방무수광명일일광명

有不可說光明網以爲眷屬
유불가설광명망이위권속

普照一切諸佛國土滅除一
보조일체제불국토멸제일

切世間黑闇示現無量諸佛
체세간흑암시현무량제불

出(출)興(흥)其(기)身(신)平(평)等(등)悉(실)皆(개)淸(청)淨(정)所(소)

作(작)佛(불)事(사)咸(함)不(불)唐(당)捐(연)能(능)令(령)衆(중)生(생)

至(지)不(불)退(퇴)轉(전)是(시)爲(위)諸(제)佛(불)第(제)四(사)最(최)

勝(승)無(무)上(상)光(광)明(명)莊(장)嚴(엄)一(일)切(체)諸(제)佛(불)

現(현)微(미)笑(소)時(시)皆(개)於(어)口(구)中(중)放(방)百(백)千(천)

億(억)那(나)由(유)他(타)阿(아)僧(승)祇(기)光(광)明(명)一(일)一(일)

光(광)明(명)各(각)有(유)無(무)量(량)不(부)思(사)議(의)種(종)種(종)

色徧照十方一切世界於大
색변조시방일체세계어대

衆中發誠實語授無量無數
중중발성실어수무량무수

不思議衆生阿耨多羅三藐
부사의중생아뇩다라삼먁

三菩提記是爲諸佛第五離
삼보리기시위제불제오리

世癡惑最勝無上現微笑莊
세치혹최승무상현미소장

嚴一切諸佛皆有法身淸淨
엄일체제불개유법신청정

無礙於一切法究竟通達住
무애어일체법구경통달주

於法界無有邊際雖在世間
어법계무유변제수재세간

不與世雜了世實性行出世
불여세잡요세실성행출세

法言語道斷超蘊界處是爲
법언어도단초온계처시위

諸佛第六最勝無上法身莊
제불제육최승무상법신장

嚴一切諸佛皆有無量常妙
엄일체제불개유무량상묘

光明不可說不可說種種色
광명불가설불가설종종색

相以爲嚴好爲光明藏出生
상이위엄호위광명장출생

無 무	蔽 폐	淸 청	佛 불	無 무	有 유	無 무
上 상	一 일	淨 정	皆 개	上 상	障 장	量 량
妙 묘	切 체	妙 묘	有 유	常 상	礙 애	圓 원
色 색	三 삼	色 색	無 무	妙 묘	是 시	滿 만
是 시	界 계	隨 수	邊 변	光 광	爲 위	光 광
爲 위	妙 묘	心 심	妙 묘	明 명	諸 제	明 명
諸 제	色 색	所 소	色 색	莊 장	佛 불	普 보
佛 불	到 도	現 현	可 가	嚴 엄	第 제	照 조
第 제	於 어	妙 묘	愛 애	一 일	七 칠	十 시
八 팔	彼 피	色 색	妙 묘	切 체	最 최	方 방
最 최	岸 안	暎 영	色 색	諸 제	勝 승	無 무

毀 훼	一 일	淨 정	譏 기	寶 보	皆 개	勝 승
是 시	切 체	妙 묘	謗 방	究 구	於 어	無 무
爲 위	智 지	行 행	一 일	竟 경	三 삼	上 상
諸 제	智 지	之 지	切 체	清 청	世 세	妙 묘
佛 불	種 종	所 소	法 법	淨 정	佛 불	色 색
第 제	族 족	莊 장	中 중	無 무	種 종	莊 장
九 구	清 청	嚴 엄	最 최	諸 제	中 중	嚴 엄
最 최	淨 정	具 구	爲 위	過 과	生 생	一 일
勝 승	無 무	足 족	殊 수	失 실	積 적	切 체
無 무	能 능	成 성	勝 승	離 이	衆 중	諸 제
上 상	譏 기	就 취	清 청	世 세	善 선	佛 불

사경의 공덕은 십만억 부처님께 공양한 것과 같은 공덕이 있습니다.

種族莊嚴一切諸佛以大慈
종족장엄일체제불이대자

力莊嚴其身究竟清淨無諸
력장엄기신구경청정무제

渴愛身行永息心善解脫見
갈애신행영식심선해탈견

者無厭大悲救護一切世間
자무염대비구호일체세간

第一福田無上受者哀愍利
제일복전무상수자애민이

益一切衆生悉令增長無量
익일체중생실령증장무량

福德智慧之聚是爲諸佛第
복덕지혜지취시위제불제

사경의 공덕은 십만억 부처님께 공양한 것과 같은 공덕이 있습니다.

十(십)最(최)勝(승)無(무)上(상)大(대)慈(자)大(대)悲(비)功(공)德(덕)
莊(장)嚴(엄)是(시)爲(위)十(십)
佛(불)子(자)諸(제)佛(불)世(세)尊(존)有(유)十(십)種(종)自(자)
在(재)法(법)何(하)等(등)爲(위)十(십)所(소)謂(위)一(일)切(체)諸(제)
佛(불)於(어)一(일)切(체)法(법)悉(실)得(득)自(자)在(재)明(명)達(달)
種(종)種(종)句(구)身(신)味(미)身(신)演(연)說(설)諸(제)法(법)辯(변)
才(재)無(무)礙(애)是(시)爲(위)諸(제)佛(불)第(제)一(일)自(자)在(재)

法一切諸佛教化衆生未曾
법 일 체 제 불 교 화 중 생 미 증

失時隨其願樂爲說正法咸
실 시 수 기 원 락 위 설 정 법 함

令調伏無有斷絶是爲諸佛
령 조 복 무 유 단 절 시 위 제 불

第二自在法一切諸佛能令
제 이 자 재 법 일 체 제 불 능 령

盡虛空界無量無數種種莊
진 허 공 계 무 량 무 수 종 종 장

嚴一切世界六種震動令彼
엄 일 체 세 계 육 종 진 동 영 피

世界或擧或下或大或小或
세 계 혹 거 혹 하 혹 대 혹 소 혹

數 수	切 체	一 일	切 체	怪 괴	其 기	合 합
劫 겁	世 세	切 체	諸 제	是 시	中 중	或 혹
說 설	界 계	世 세	佛 불	爲 위	衆 중	散 산
不 불	莊 장	界 계	以 이	諸 제	生 생	未 미
能 능	嚴 엄	於 어	神 신	佛 불	不 불	曾 증
盡 진	此 차	一 일	通 통	第 제	覺 각	惱 뇌
悉 실	諸 제	念 념	力 력	三 삼	不 부	害 해
皆 개	莊 장	頃 경	悉 실	自 자	知 지	於 어
離 리	嚴 엄	普 보	能 능	在 재	無 무	一 일
染 염	經 경	現 현	嚴 엄	法 법	疑 의	衆 중
清 청	無 무	一 일	淨 정	一 일	無 무	生 생

專 (전)	未 (미)	經 (경)	一 (일)	佛 (불)	皆 (개)	淨 (정)
心 (심)	來 (래)	不 (불)	衆 (중)	第 (제)	令 (령)	無 (무)
憶 (억)	際 (제)	可 (가)	生 (생)	四 (사)	平 (평)	比 (비)
念 (념)	結 (결)	說 (설)	應 (응)	自 (자)	等 (등)	一 (일)
未 (미)	跏 (가)	不 (불)	受 (수)	在 (재)	入 (입)	切 (체)
曾 (증)	趺 (부)	可 (가)	化 (화)	法 (법)	一 (일)	佛 (불)
廢 (폐)	坐 (좌)	說 (설)	者 (자)	一 (일)	刹 (찰)	刹 (찰)
忘 (망)	身 (신)	劫 (겁)	爲 (위)	切 (체)	中 (중)	嚴 (엄)
方 (방)	心 (심)	乃 (내)	其 (기)	諸 (제)	是 (시)	淨 (정)
便 (편)	無 (무)	至 (지)	住 (주)	佛 (불)	爲 (위)	之 (지)
調 (조)	倦 (권)	盡 (진)	壽 (수)	見 (견)	諸 (제)	事 (사)

世 세	界 계	所 소	能 능	佛 불	一 일	伏 복
界 계	十 시	行 행	徧 변	第 제	切 체	而 이
海 해	方 방	之 지	往 왕	五 오	衆 중	不 불
一 일	各 각	處 처	一 일	自 자	生 생	失 실
一 일	別 별	而 이	切 체	在 재	悉 실	時 시
世 세	一 일	不 불	世 세	法 법	亦 역	如 여
界 계	一 일	暫 잠	界 계	一 일	如 여	爲 위
海 해	方 방	捨 사	一 일	切 체	是 시	一 일
有 유	有 유	一 일	切 체	諸 제	是 시	衆 중
無 무	無 무	切 체	如 여	佛 불	爲 위	生 생
量 량	量 량	法 법	來 래	悉 실	諸 제	爲 위

世界種佛以神力一念咸到
세계종불이신력일념함도

轉於無礙淸淨法輪是爲諸
전어무애청정법륜시위제

佛第六自在法一切諸佛爲
불제육자재법일체제불위

欲調伏一切衆生念念中成
욕조복일체중생염념중성

阿耨多羅三藐三菩提而於
아녹다라삼약삼보리이어

一切佛法非已現覺亦非當
일체불법비이현각역비당

覺亦不住於有學之地而悉
각역불주어유학지지이실

知見通達無礙無量智慧無
量自在教化調伏一切衆生
是爲諸佛第七自在法一切
諸佛能以眼處作耳處佛事
能以耳處作鼻處佛事能以
鼻處作舌處佛事能以舌處
作身處佛事能以身處作意

사경의 공덕은 십만억 부처님께 공양한 것과 같은 공덕이 있습니다.

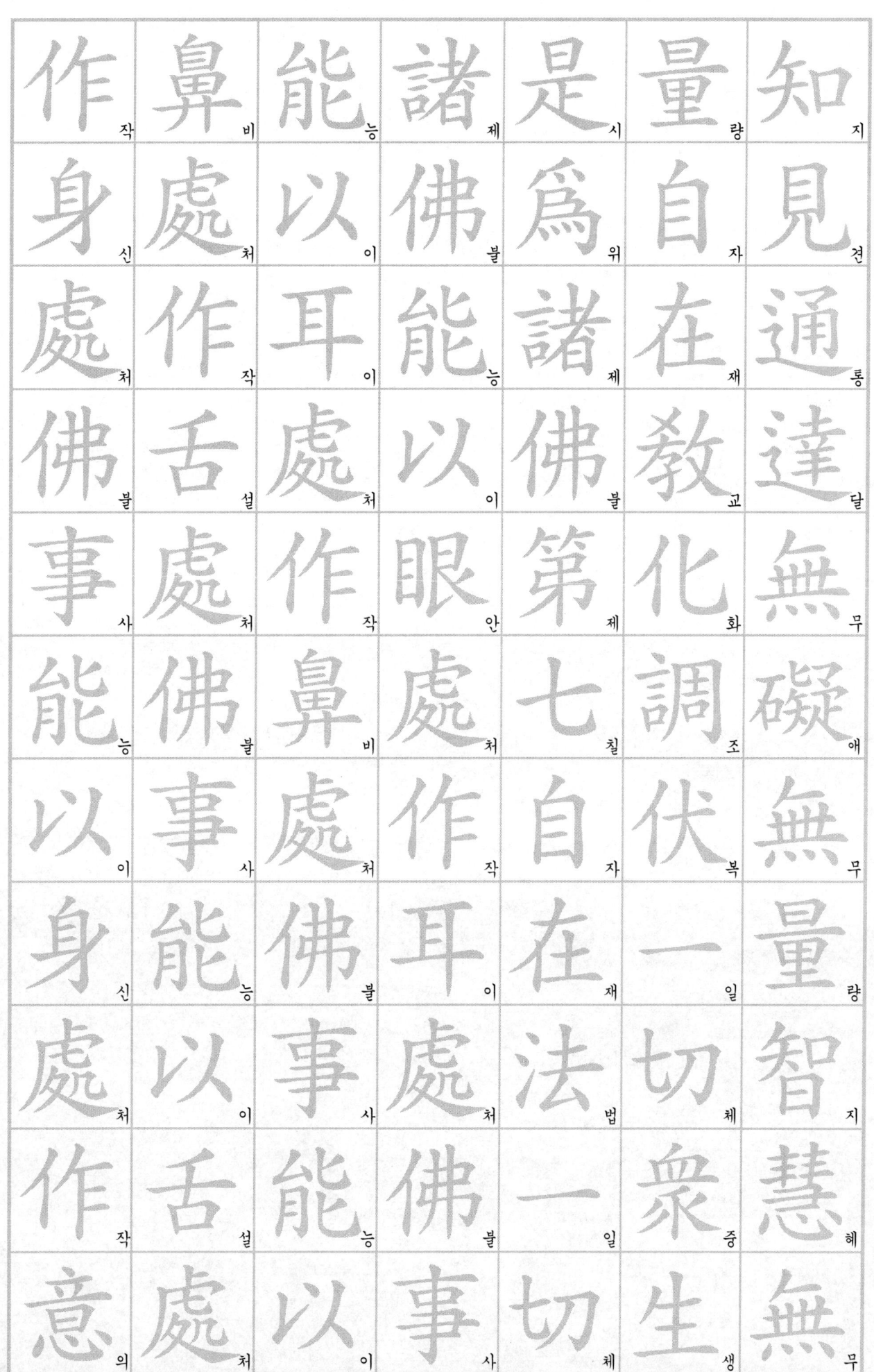

處(처)佛(불)事(사)能(능)以(이)意(의)處(처)於(어)一(일)切(체)世(세)
界(계)中(중)住(주)世(세)出(출)世(세)間(간)種(종)種(종)境(경)界(계)
一(일)一(일)境(경)界(계)中(중)能(능)作(작)無(무)量(량)廣(광)大(대)
佛(불)事(사)是(시)爲(위)諸(제)佛(불)第(제)八(팔)自(자)在(재)法(법)
一(일)切(체)諸(제)佛(불)其(기)身(신)毛(모)孔(공)一(일)一(일)能(능)
容(용)一(일)切(체)衆(중)生(생)一(일)一(일)衆(중)生(생)其(기)身(신)
悉(실)與(여)不(불)可(가)說(설)諸(제)佛(불)刹(찰)等(등)而(이)無(무)

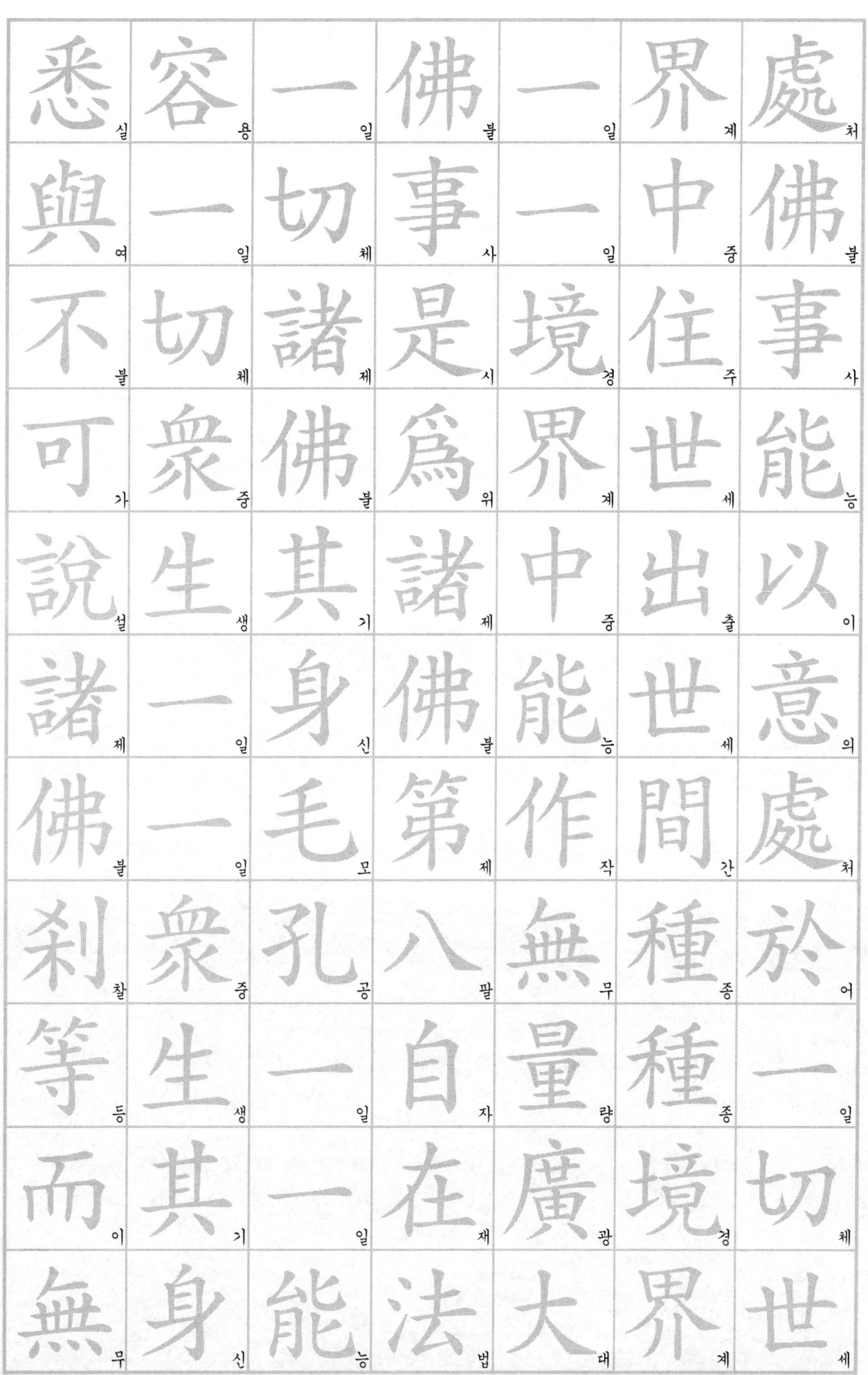

迫隘一一衆生步步能過無
박애일일중생보보능과무

數世界如是展轉盡無數劫
수세계여시전전진무수겁

悉見諸佛出現於世敎化衆
실견제불출현어세교화중

生轉淨法輪開示過去未來
생전정법륜개시과거미래

現在不可說法盡虛空界一
현재불가설법진허공계일

切衆生諸趣受身威儀往來
체중생제취수신위의왕래

及其所受種種樂具皆悉具
급기소수종종악구개실구

現 현	華 화	衆 중	數 수	於 어	諸 제	足 족
諸 제	藏 장	妙 묘	佛 불	一 일	佛 불	而 이
佛 불	師 사	蓮 련	一 일	念 념	第 제	於 어
自 자	子 자	華 화	一 일	頃 경	九 구	其 기
在 재	座 좌	廣 광	佛 불	現 현	自 자	中 중
神 신	上 상	大 대	皆 개	一 일	在 재	無 무
力 력	成 성	莊 장	於 어	切 체	法 법	所 소
如 여	等 등	嚴 엄	一 일	世 세	一 일	障 장
於 어	正 정	世 세	切 체	界 계	切 체	礙 애
衆 중	覺 각	界 계	法 법	微 미	諸 제	是 시
妙 묘	示 시	蓮 련	界 계	塵 진	佛 불	爲 위

念 념	無 무	世 세	相 상	種 종	一 일	蓮 련
一 일	邊 변	界 계	種 종	種 종	切 체	華 화
切 체	阿 아	如 여	種 종	莊 장	法 법	廣 광
現 현	僧 승	於 어	示 시	嚴 엄	界 계	大 대
一 일	祇 기	一 일	現 현	種 종	中 중	莊 장
念 념	劫 겁	念 념	種 종	種 종	不 불	嚴 엄
無 무	一 일	如 여	種 종	境 경	可 가	世 세
量 량	切 체	是 시	劫 겁	界 계	說 설	界 계
住 주	念 념	於 어	數 수	種 종	不 불	如 여
而 이	中 중	無 무	清 청	種 종	可 가	是 시
未 미	一 일	量 량	淨 정	形 형	說 설	於 어

曾(증)用(용)少(소)方(방)便(편)力(력)是(시)爲(위)諸(제)佛(불)第(제)
十(십)自(자)在(재)法(법)
佛(불)子(자)諸(제)佛(불)世(세)尊(존)有(유)十(십)種(종)無(무)
量(량)不(부)思(사)議(의)圓(원)滿(만)佛(불)法(법)何(하)等(등)爲(위)
十(십)所(소)謂(위)一(일)切(체)諸(제)佛(불)一(일)一(일)淨(정)相(상)
皆(개)具(구)百(백)福(복)一(일)切(체)諸(제)佛(불)皆(개)悉(실)成(성)
就(취)一(일)切(체)佛(불)法(법)一(일)切(체)諸(제)佛(불)皆(개)悉(실)

一 일	切 체	諸 제	佛 불	皆 개	悉 실	成 성
切 체	諸 제	佛 불	皆 개	能 능	成 성	就 취
諸 제	佛 불	皆 개	悉 실	教 교	就 취	一 일
佛 불	皆 개	悉 실	能 능	化 화	一 일	切 체
皆 개	悉 실	成 성	爲 위	一 일	切 체	善 선
悉 실	成 성	就 취	衆 중	切 체	功 공	根 근
成 성	就 취	清 청	生 생	衆 중	德 덕	一 일
就 취	一 일	淨 정	作 작	生 생	一 일	切 체
色 색	切 체	佛 불	主 주	一 일	切 체	諸 제
身 신	智 지	刹 찰	一 일	切 체	諸 제	佛 불
相 상	智 지	一 일	切 체	諸 제	佛 불	皆 개

好(호) 見(견) 者(자) 獲(획) 益(익) 功(공) 不(불) 唐(당) 捐(연) 一(일) 切(체)
諸(제) 佛(불) 皆(개) 具(구) 諸(제) 佛(불) 平(평) 等(등) 正(정) 法(법) 一(일)
切(체) 諸(제) 佛(불) 作(작) 佛(불) 事(사) 已(이) 莫(막) 不(불) 示(시) 現(현)
入(입) 於(어) 涅(열) 槃(반) 是(시) 爲(위) 十(십)

佛(불) 子(자) 諸(제) 佛(불) 世(세) 尊(존) 有(유) 十(십) 種(종) 善(선)
巧(교) 方(방) 便(편) 何(하) 等(등) 爲(위) 十(십) 一(일) 切(체) 諸(제) 佛(불)
了(료) 知(지) 諸(제) 法(법) 皆(개) 離(리) 戲(희) 論(론) 而(이) 能(능) 開(개)

사경의 공덕은 십만억 부처님께 공양한 것과 같은 공덕이 있습니다.

無 무	知 지	到 도	無 무	無 무	方 방	示 시
受 수	不 불	於 어	受 수	所 소	便 편	諸 제
不 불	異 이	彼 피	無 무	見 견	一 일	佛 불
壞 괴	不 불	岸 안	集 집	各 각	切 체	善 선
實 실	別 별	然 연	無 무	不 불	諸 제	根 근
際 제	而 이	於 어	成 성	相 상	佛 불	是 시
已 이	得 득	諸 제	就 취	知 지	知 지	爲 위
得 득	自 자	法 법	自 자	無 무	一 일	第 제
至 지	在 재	眞 진	在 재	縛 박	切 체	一 일
於 어	無 무	實 실	究 구	無 무	法 법	善 선
大 대	我 아	而 이	竟 경	解 해	悉 실	巧 교

自在地常能觀察一切法界
자재지상능관찰일체법계

是爲第二善巧方便一切諸
시위제이선교방편일체제

佛永離諸相心無所住而能
불영리제상심무소주이능

悉知不亂不錯雖知一切相
실지불란불착수지일체상

皆無自性而如其體性悉能
개무자성이여기체성실능

善入而亦示現無量色身及
선입이역시현무량색신급

以一切清淨佛土種種莊嚴
이일체청정불토종종장엄

聞 문	世 세	三 삼	來 래	諸 제	惑 혹	無 무
者 자	無 무	世 세	現 현	佛 불	是 시	盡 진
普 보	量 량	相 상	在 재	住 주	爲 위	之 지
見 견	諸 제	故 고	如 여	於 어	第 제	相 상
一 일	佛 불	而 이	如 여	法 법	三 삼	集 집
切 체	出 출	能 능	性 성	界 계	善 선	智 지
諸 제	現 현	演 연	中 중	不 부	巧 교	慧 혜
佛 불	世 세	說 설	無 무	住 주	方 방	燈 등
境 경	間 간	去 거	去 거	過 과	便 편	滅 멸
界 계	令 영	來 래	來 래	去 거	一 일	衆 중
是 시	其 기	今 금	今 금	未 미	切 체	生 생

爲第四善巧方便一切諸佛	위제사선교방편일체제불
身語意業無所造作無來無	신어의업무소조작무래무
去亦無有住離諸數法到於	거역무유주이제수법도어
一切諸法彼岸而爲衆法藏	일체제법피안이위중법장
具無量智了達種種世出世	구무량지요달종종세출세
法智慧無礙示現無量自在	법지혜무애시현무량자재
神力調伏一切法界衆生是	신력조복일체법계중생시

사경의 공덕은 십만억 부처님께 공양한 것과 같은 공덕이 있습니다.

爲(위)第(제)五(오)善(선)巧(교)方(방)便(편)第(제)一(일)切(체)諸(제)佛(불)
知(지)一(일)切(체)法(법)不(불)可(가)見(견)非(비)一(일)非(비)非(비)異(이)
非(비)量(량)非(비)無(무)量(량)非(비)來(래)非(비)去(거)皆(개)無(무)
自(자)性(성)亦(역)不(불)違(위)於(어)世(세)間(간)諸(제)法(법)一(일)
切(체)智(지)者(자)無(무)自(자)性(성)中(중)見(견)一(일)切(체)法(법)
於(어)法(법)自(자)在(재)廣(광)說(설)諸(제)法(법)而(이)常(상)安(안)
住(주)眞(진)如(여)實(실)性(성)是(시)爲(위)第(제)六(육)善(선)巧(교)

方便一切諸佛於一時中知 (방편일체제불어일시중지)
一切時具淨善根入於正位 (일체시구정선근입어정위)
而無所着於其日月年劫成 (이무소착어기일월년겁성)
壞如是等時不住不捨而能 (괴여시등시부주불사이능)
示現若晝若夜初中後時一 (시현약주약야초중후시일)
日七日半月一月一年百年 (일칠일반월일월일년백년)
一劫多劫不可思劫不可說 (일겁다겁불가사겁불가설)

사경의 공덕은 십만억 부처님께 공양한 것과 같은 공덕이 있습니다.

辯 변	可 가	佛 불	一 일	有 유	衆 중	劫 겁
不 불	量 량	無 무	切 체	休 휴	生 생	乃 내
共 공	辯 변	量 량	諸 제	息 식	轉 전	至 지
辯 변	無 무	無 무	佛 불	是 시	妙 묘	盡 진
無 무	盡 진	畏 외	恒 항	爲 위	法 법	於 어
窮 궁	辯 변	及 급	住 주	第 제	輪 륜	未 미
辯 변	無 무	不 불	法 법	七 칠	不 부	來 래
眞 진	斷 단	可 가	界 계	善 선	斷 단	際 제
實 실	辯 변	數 수	成 성	巧 교	不 불	劫 겁
辯 변	無 무	辯 변	就 취	方 방	退 퇴	恒 항
方 방	邊 변	不 불	諸 제	便 편	無 무	爲 위

便開示一切句辯一切法辯 (편개시일체구변일체법변)
隨其根性及以欲解以種種 (수기근성급이욕해이종종)
法門說不可說不可說百千 (법문설불가설불가설백천)
億那由他修多羅初中後善 (억나유타수다라초중후선)
皆悉究竟是爲第八善巧方 (개실구경시위제팔선교방)
便一切諸佛住淨法界知一 (편일체제불주정법계지일)
切法本無名字無過去名無 (체법본무명자무과거명무)

現(현)在(재)名(명)無(무)未(미)來(래)名(명)無(무)衆(중)生(생)名(명)無(무)非(비)衆(중)生(생)名(명)無(무)國(국)土(토)名(명)無(무)非(비)國(국)土(토)名(명)無(무)法(법)名(명)無(무)非(비)法(법)名(명)無(무)功(공)德(덕)名(명)無(무)非(비)功(공)德(덕)名(명)無(무)菩(보)薩(살)名(명)無(무)佛(불)名(명)無(무)數(수)名(명)無(무)非(비)數(수)名(명)無(무)生(생)名(명)無(무)滅(멸)名(명)無(무)有(유)名(명)無(무)無(무)名(명)無(무)一(일)名(명)無(무)種(종)種(종)名(명)何(하)以(이)故(고)

諸法體性不可說故一切諸
제법체성불가설고일체제

法無方無處不可集說不可
법무방무처불가집설불가

散說不可一說不可多說音
산설불가일설불가다설음

聲莫逮言語悉斷雖隨世俗
성막체언어실단수수세속

種種言說無所攀緣無所造
종종언설무소반연무소조

作遠離一切虛妄想着如是
작원리일체허망상착여시

究竟到於彼岸是爲第九善
구경도어피안시위제구선

사경의 공덕은 십만억 부처님께 공양한 것과 같은 공덕이 있습니다.

無 무	界 계	無 무	造 조	論 론	本 본	巧 교
起 기	然 연	入 입	作 작	故 고	性 성	方 방
如 여	亦 역	處 처	故 고	非 비	寂 적	便 편
虛 허	不 불	故 고	非 비	受 수	靜 정	一 일
空 공	壞 괴	非 비	行 행	無 무	無 무	切 체
故 고	一 일	處 처	無 무	名 명	生 생	諸 제
一 일	切 체	無 무	執 집	數 수	故 고	佛 불
切 체	諸 제	所 소	取 취	故 고	非 비	知 지
諸 제	法 법	得 득	故 고	非 비	色 색	一 일
法 법	本 본	故 고	非 비	想 상	無 무	切 체
皆 개	性 성	非 비	識 식	無 무	戲 희	法 법

悉空寂無業果無修習無成
실공적무업과무수습무성

就無出生非數非不數非有
취무출생비수비불수비유

非無非生非滅非垢非淨非
비무비생비멸비구비정비

入非出非住非不住非調伏
입비출비주비부주비조복

非不調伏非衆生非無衆生
비불조복비중생비무중생

非壽命非無壽命非因緣非
비수명비무수명비인연비

無因緣而能了知正定邪定
무인연이능료지정정사정

사경의 공덕은 십만억 부처님께 공양한 것과 같은 공덕이 있습니다.

及不定聚一切衆生爲說妙
法令到彼岸成就十力四無
所畏能師子吼具一切智住
佛境界是爲諸佛成就十種
善巧方便

發 願 文

귀의 삼보하옵고

거룩하신 부처님께 발원하옵나이다.

주　소 :

전　화 :　　　　불 명 :　　　　성 명 :

불기 25　　　년　　　월　　　일